春畑セロリのきまぐれんだん

Puppet Revolution New

# パペット・レボリューションNew

ふるさと大応援つき

8人8手連弾

春畑セロリ作曲
Céleri Haruhata

音楽之友社

### パペット・レボリューション New

ロック・バンドのようにピアノが弾けたなら。
ポップス・オーケストラのようにピアノが弾けたなら。
スポーツ・チームのようにピアノが弾けたなら。

そんな発想で、こんなに無責任なアンサンブルを書いちゃいました。
よってたかって、8人で、1台のピアノを弾けるのかっ！

立ったりしゃがんだり、重なったり交替したり、叩いたり踊ったり。
人数が足りなければ、ひとりでいくつかパートを兼任してもよいのですよ！
とにかくルールはありません。工夫して悩んで議論して怒ってショゲて笑って、
なんとかかんとか弾いてみてください。きっとステキなことが起こりますから。

そしてこのたび、NEW Version 刊行にあたり、応援の1曲を加えました。
日本、ふるさと、家族、友だち、自分、何でも応援しちゃいましょう！

### Puppet Revolution New

I'd like to play the piano with my friends like a rock band, a pops orchestra or a sport team!

Such desire inspired me to write this freewheeling music.
Can we play a piano with eight people jostling and shoving? Let's try it!

You can stand up, crouch down, overlap each other, drum and dance.
If you don't have eight members, someone can play two or three parts.
Anyway, there is no rule here. Just manage to play with all members thinking,
arguing, getting angry, crying and laughing.
Maybe something fantastic will happen!

And in this new edition, I added a supporting tune.
Let's cheer up your friends, your family, yourself, your home country and everything!

春畑セロリのきまぐれんだん
Céleri's Capricensemble

# パペット・レボリューション New
## Puppet Revolution New

ふるさと大応援つき
8人8手連弾

もくじ

| | | |
|---|---|---|
| 顔の大きなドンクー大佐 | The big face Colonel Doncoo | 4 |
| 毛糸の帽子のエンジェル | The angel with woolen cap | 9 |
| えいやっと！ | Ei-yat! — a shout for Nippon Rock | 12 |
| オレンジマウス "ジョン・カプレック" | John Cupreck, an orange mouse | 17 |
| ホチキス＆ケシゴム・ダンサーズ | Dance for staplers and erasers | 22 |
| にっぽん、がんば！ | Cheer up, Nippon! | 30 |

# 顔の大きなドンクー大佐
### The big face Colonel Doncoo

春畑セロリ 作曲
Céleri Haruhata

（カタカタまたはギリギリというゼンマイ風の音 / Ratchet etc.)

（水笛など / Water whistle etc.)

* ピュウッと上がるメロディ笛風の音、またはピコピコハンマー / Slide whistle etc.

# えいやっと！
Ei-yat! — a shout for Nippon Rock

春畑セロリ　作曲
Céleri Haruhata

© 2009 by ONGAKU NO TOMO SHA CORP., Tokyo Japan.

23

25

ヤ！ / Ya!

にっ ぽん がん ば！※ / Nip-pon gam-ba!

※ ◯◯がんば！に好きな言葉を入れて色々な人・物を応援しましょう。 / Insert your favorite words before "gamba (cheer up)". Let's cheer up people and things you like.

### 春畑セロリ（はるはた せろり）

鎌倉生まれ、横浜育ち。東京芸術大学作曲科卒業。舞台、映像、出版のための作編曲、執筆、プロデュースなど、精力的に活動中。さすらいのお気楽者。
主な著作楽譜に、「できるかなひけるかなシリーズ」「連弾パーティーシリーズ」「きまぐれんだんシリーズ」（以上、音楽之友社）、ピアノ曲集「ぶらぶ〜らの地図」（全音楽譜出版社）、こどものためのピアノ曲集「ひなげし通りのピム」（カワイ出版）、「春畑セロリの連弾アラカルト」「ちびっこ・あんさんぶるシリーズ」（以上、ヤマハミュージックメディア）。児童合唱曲に「キャプテン・ロンリーハート」「雨の樹のドラゴン」（教育芸術社）。書籍に「白菜教授のミッドナイト音楽大学」（あおぞら音楽社）などがある。
http://www.trigo.co.jp/celeri/

### Céleri Haruhata

Céleri Haruhata was born in old historic town Kamakura, and brought up in bustling port town Yokohama. She studied composition at Tokyo University of the Arts and now she mainly composes music for stage, film, and publishing industry. In addition, she is also active as a music arranger, producer and writer. She is fond of describing herself as 'a wandering optimist.'
Her major piano works include *Dekirukana Hikerukana [Can You Do It? Can You Play It?]* series, *Piano Duo Party* series, *Céleri's Capricensemble* series (Ongaku no Tomo She Corp.), *A Map of BRAVURA* (Zen-On Music Company Ltd.), *Pim on Corn Poppy Street* (edition KAWAI), *Céleri HARUHATA's A La Carte for Piano Duo*, and *Kids Ensemble* series (Yamaha Music Media Corporation), among others. Her chorus writings for children include *Captain Lonely Heart*, and *Ame no Ki no Dragon [A Dragon of A Rainy Tree]*(Kyoiku-Geijutsu Sha Co., Ltd.). She also published a book *Professor HAKUSAI's Midnight Music College* (Aozora Ongaku Sha).
http://www.trigo.co.jp/celeri/

#### 皆様へのお願い
楽譜や歌詞・音楽書などの出版物を権利者に無断で複製（コピー）することは、著作権の侵害（私的利用など特別な場合を除く）にあたり、著作権法により罰せられます。また、出版物からの不法なコピーが行われますと、出版社は正常な出版活動が困難となり、ついには皆様方が必要とされるものも出版できなくなります。
音楽出版社と日本音楽著作権協会（JASRAC）は、著作者の権利を守り、なおいっそう優れた作品の出版普及に全力をあげて努力してまいります。どうか不法コピーの防止に、皆様方のご協力をお願い申し上げます。
株式会社 音楽之友社
一般社団法人 日本音楽著作権協会

LOVE THE ORIGINAL
楽譜のコピーはやめましょう

---

春畑セロリのきまぐれんだん **パペット・レボリューション New**

2016年7月10日　第1刷発行

作曲者　春畑セロリ
発行者　堀内久美雄
発行所　株式会社 音楽之友社
東京都新宿区神楽坂6の30
電話 03(3235)2111(代)　〒162-8716
振替 00170-4-196250
http://www.ongakunotomo.co.jp/

438881

© 2016 by ONGAKU NO TOMO SHA CORP., Tokyo, Japan.

落丁本・乱丁本はお取替いたします。
Printed in Japan.

楽譜浄書：中野隆介
装丁：伊藤克博
イラスト：スダナオミ
翻訳：飯田有抄
印刷／製本：(株)平河工業社

## 春畑セロリのきまぐれんだんシリーズ

かつて、こんなに楽しい、多人数で弾くピアノ・アンサンブルがあったでしょうか！？ 3人6手連弾、8人8手連弾、そして、普通の2人4手連弾まで、さまざま取り揃えました。もちろん、初心者でもこの楽しさを知ってもらえるようにと、1本指だけで弾けるとてもやさしいアンサンブル曲も用意しました。究極のピアノ・アンサンブルが詰まったユニークな曲集です。

**いっぽん！チャチャチャッ**
1本指でも、ピアノ1台でも、初心者でも楽しめる合奏って？
春畑セロリ 編
菊倍判・64頁 ISBN978-4-276-43879-8

いっぽんでもばんそう／Happy Birthday to You／そう、そう、そうなの。／空のワルツ／いってらっしゃいダーリン／その音どの？～その音どれ？どの音それ？～／美しく青きドナウ／四羽の白鳥の踊り／ふるさと・オン・マイ・マインド／草競馬／子守唄・子守唄・子守唄／威風堂々／ボギー大佐／ラ・クンパルシータ／テキーラ／Smoke on the Water／We are the Champions／野ばらラグ／アメイジング・グレース／もろびとこぞりて／きよしこの夜／ワーグナーの結婚行進曲／メンデルスゾーンの結婚行進曲／大きな古時計／あんたがたどこさ／エンターテイナー／ラ・カンパネラ／コロブチカ／アイ・ガット・リズム／卒業写真／ロンドンデリーの歌／歓喜の歌／パッヘルベルのカノンか？

**われら！ピアノ・ルーキーズ・バンド**
1本指でも、ピアノ1台でも、初心者でも楽しめる合奏って？
春畑セロリ 編
菊倍判・64頁 ISBN978-4-276-43887-3

スマイル／愛の夢／どうして どうして／そぉっと そぉっと／アニー・ローリー／いつか王子様が／サンタ・ルチア／アルプス一万尺／明日があるさ／こげよマイケル／ずいずいずっころばし／もりのくまサンバ／もりのくましゃんソン／授業、始まっチャイム／愛の挨拶／四季より「春」／家路／時の踊り／パフ／エル・チョクロ／スワニー・ボサ／夢の中へ／グリーンスリーブス／チャイコフスキーのピアノ協奏曲 op.23／チャレンジショパン！ バラード第1番 op.23／チャレンジショパン！ ノクターン遺作／チャレンジショパン！ 英雄ポロネーズ op.53／モルダウ／ワルツ・ゴー・ラウンド／蛍の光～お別れするのはつらいけど～

**いっぽんでもごちそう New**
春畑セロリ 作曲
菊倍判・48頁 ISBN978-4-276-43888-0

**5人5指連弾**

5にん5ほんで、5あいさつ／おやゆびラグ／ひとさしゆびサンバ／なかゆびタンゴ／くすりゆびボサ／こゆびワルツ／ファイブ・フィンガー・マーチ

**パペット・レボリューション New**
春畑セロリ 作曲
菊倍判・40頁 ISBN978-4-276-92194-8

**8人8手連弾**

顔の大きなドンキー大佐／毛糸の帽子のエンジェル／えいやっと！／オレンジマウス"ジョン・カプレッグ"／ホチキス&ケシゴム・ダンサーズ／にっぽん、がんば！

**さよなら夏休み New**
春畑セロリ 作曲
近日刊行！
菊倍判・24頁
ISBN978-4-276-92196-2

**3人6手連弾**

まねっこキュータロー／チーム"くつみがき"／海から吹く風／パパママ宿題隊／冥王星博士／ピーマン・ブギ／眠りたくない夜には／線香花火

**パパ、おひげに生クリームついてるよ New**
春畑セロリ 作曲
近日刊行！
菊倍判・32頁
ISBN978-4-276-92197-9

**2人4手連弾**

ママ、まだおこってる？／パパ、おひげに生クリームついてるよ／パパ、恐竜って強かった？／ママ、カンガルー飼いたいな／パパとママの会った日

## 連弾パーティーシリーズ

クラシックの名曲をピアノ連弾にアレンジ！ 4手、6手、3人3手、はたまた、4人以上で弾くリレー連弾など、みんなでアンサンブルが楽しめます。原曲に忠実なアレンジから、ぶっとんじゃってるアレンジまで、ただの連弾じゃないところが、春畑セロリ流です。

## オリジナルピアノ作品集

**バッハ連弾パーティー**
菊倍判・80頁
ISBN978-4-276-43870-5

**モーツァルト連弾パーティー**
菊倍判・80頁
ISBN978-4-276-43871-2

**ベートーヴェン連弾パーティー**
菊倍判・88頁
ISBN978-4-276-43872-9

**シンフォニック連弾パーティー**
菊倍判・88頁
ISBN978-4-276-43873-6

**ダンシング連弾パーティー**
菊倍判・76頁
ISBN978-4-276-43874-3

**ぴあの・らくがき・だいありー**
今日の気持ちを弾いてみよう
菊倍判・48頁
ISBN978-4-276-45630-3

## 春畑セロリの きまぐれんだんシリーズ

かつて、こんなに楽しい、多人数で弾くピアノ・アンサンブルがあったでしょうか!?　3人6手連弾、8人8手連弾、そして、普通の2人4手連弾まで、さまざま取り揃えました。もちろん、初心者でもこの楽しさを知ってもらえるように、1本指だけで弾けるとてもやさしいアンサンブル曲も用意しました。究極のピアノ・アンサンブルが詰まったユニークな曲集です。

### いっぽん！チャチャチャッ
1本指でも、ピアノ1台でも、初心者でも楽しめる合奏って？

春畑セロリ 編

菊倍判・64頁　ISBN978-4-276-43879-8

いっぽんでもばんそう／Happy Birthday to You／そう、そう、そうなの。／空のワルツ／いってらっしゃいダーリン／その音どの音？〜その音どれ？どの音それ？〜／美しく青きドナウ／四羽の白鳥の踊り／ふるさと・オン・マイ・マインド／草競馬／子守唄・子守唄・子守唄／威風堂々／ボギー大佐／ラ・クンパルシータ／テキーラ／Smoke on the Water／We are the Champions／野ばラグ／アメイジング・グレース／もろびとロックこぞりて／きよしこの夜／ワーグナーの結婚行進曲／メンデルスゾーンの結婚行進曲／大きな古時計／あんたがたどこさ／エンターテイナー／ラ・カンパネラ／コロブチカ／アイ・ガット・リズム／卒業写真／ロンドンデリーの歌／歓喜の歌／パッヘルベルのカノンか？

### われら！ピアノ・ルーキーズ・バンド
1本指でも、ピアノ1台でも、初心者でも楽しめる合奏って？

春畑セロリ 編

菊倍判・64頁　ISBN978-4-276-43887-3

スマイル／愛の夢／どうして どうして そぉっと そぉっと／アニー・ローリー／いつか王子様が／サンタ・ルチア／アルプス一万尺／明日があるさ／こげよマイケル／ずいずいずっころばし／もりのくまサンバ／もりのくまましゃんソン／授業、始まっチャイム／愛の挨拶／四季より「春」／家路／時の踊り／パフ／エル・チョクロ／スワニー・ボサ／夢の中へ／グリーンスリーブス／チャイコフスキーのピアノ協奏曲 op.23／チャレンジショパン！バラード第1番 op.23／チャレンジショパン！ノクターン遺作／チャレンジショパン！英雄ポロネーズ op.53／モルダウ／ワルツ・ゴー・ラウンド／蛍の光〜お別れするのはつらいけど〜

### いっぽんでもごちそう New

春畑セロリ 作曲

菊倍判・48頁　ISBN978-4-276-43888-0

**5人5指連弾**

5にん5ほんで、5あいさつ／おやゆびラグ／ひとさしゆびサンバ／なかゆびタンゴ／くすりゆびボサ／こゆびワルツ／ファイブ・フィンガー・マーチ

### パペット・レボリューション New

春畑セロリ 作曲

菊倍判・40頁　ISBN978-4-276-92194-8

**8人8手連弾**

顔の大きなドンクー大佐／毛糸の帽子のエンジェル／えいやっと！／オレンジマウス"ジョン・カブレッグ"／ホチキス＆ケシゴム・ダンサーズ／にっぽん、がんば！

### さよなら夏休み New

春畑セロリ 作曲

菊倍判・24頁
ISBN978-4-276-92196-2

**3人6手連弾**

まねっこキュータロー／チーム"くつみがき"／海から吹く風／パパママ宿題隊／冥王星博士／ピーマン・ブギ／眠りたくない夜には／夢の向こうの線香花火

### パパ、おひげに生クリームついてるよ New

春畑セロリ 作曲

菊倍判・32頁
ISBN978-4-276-92197-9

**2人4手連弾**

ママ、まだおこってる？／パパ、おひげに生クリームついてるよ／パパ、恐竜って強かった？／ママ、カンガルー飼いたいな／パパとママが出逢った頃は

## 連弾パーティーシリーズ

クラシックの名曲をピアノ連弾にアレンジ！4手、6手、3人3手、はたまた、4人以上で弾くリレー連弾など、みんなでアンサンブルが楽しめます。原曲に忠実なアレンジから、ぶっとんじゃってるアレンジまで、ただの連弾じゃないところが、春畑セロリ流です。

## オリジナルピアノ作品集

**バッハ連弾パーティー**
菊倍判・80頁
ISBN978-4-276-43870-5

**モーツァルト連弾パーティー**
菊倍判・80頁
ISBN978-4-276-43871-2

**ベートーヴェン連弾パーティー**
菊倍判・88頁
ISBN978-4-276-43872-9

**シンフォニック連弾パーティー**
菊倍判・88頁
ISBN978-4-276-43873-6

**ダンシング連弾パーティー**
菊倍判・76頁
ISBN978-4-276-43874-3

**ぴあの・らくがき・だいありー**
今日の気持ちを弾いてみよう
菊倍判・48頁
ISBN978-4-276-45630-3

### 春畑セロリ（はるはた せろり）

鎌倉生まれ、横浜育ち。東京芸術大学作曲科卒業。舞台、映像、出版のための作編曲、執筆、プロデュースなど、精力的に活動中。さすらいのお気楽者。
主な著作楽譜に、「できるかなひけるかなシリーズ」「連弾パーティーシリーズ」「きまぐれんだんシリーズ」（以上、音楽之友社）、ピアノ曲集「ぶらぶ〜らの地図」（全音楽譜出版社）、こどものためのピアノ曲集「ひなげし通りのピム」（カワイ出版）、「春畑セロリの連弾アラカルト」「ちびっこ・あんさんぶるシリーズ」（以上、ヤマハミュージックメディア）。児童合唱曲に「キャプテン・ロンリーハート」「雨の樹のドラゴン」（教育芸術社）。書籍に「白菜教授のミッドナイト音楽大学」（あおぞら音楽社）などがある。
http://www.trigo.co.jp/celeri/

### Céleri Haruhata

Céleri Haruhata was born in old historic town Kamakura, and brought up in bustling port town Yokohama. She studied composition at Tokyo University of the Arts and now she mainly composes music for stage, film, and publishing industry. In addition, she is also active as a music arranger, producer and writer. She is fond of describing herself as 'a wandering optimist.'
Her major piano works include *Dekirukana Hikerukana [Can You Do It? Can You Play It?]* series, *Piano Duo Party* series, *Céleri's Capricensemble* series (Ongaku no Tomo She Corp.), *A Map of BRAVURA* (Zen-On Music Company Ltd.), *Pim on Corn Poppy Street* (edition KAWAI), *Céleri HARUHATA's A La Carte for Piano Duo*, and *Kids Ensemble* series (Yamaha Music Media Corporation), among others. Her chorus writings for children include *Captain Lonely Heart*, and *Ame no Ki no Dragon [A Dragon of A Rainy Tree]*(Kyoiku-Geijutsu Sha Co., Ltd.). She also published a book *Professor HAKUSAI's Midnight Music College* (Aozora Ongaku Sha).
http://www.trigo.co.jp/celeri/

---

**皆様へのお願い**

楽譜や歌詞・音楽書などの出版物を権利者に無断で複製（コピー）することは、著作権の侵害（私的利用など特別な場合を除く）にあたり、著作権法により罰せられます。また、出版物からの不法なコピーが行われますと、出版社は正常な出版活動が困難となり、ついには皆様方が必要とされるものも出版できなくなります。
音楽出版社と日本音楽著作権協会（JASRAC）は、著作者の権利を守り、なおいっそう優れた作品の出版普及に全力をあげて努力してまいります。どうか不法コピーの防止に、皆様方のご協力をお願い申し上げます。

株式会社 音楽之友社
一般社団法人 日本音楽著作権協会

LOVE THE ORIGINAL
楽譜のコピーはやめましょう

---

春畑セロリのきまぐれんだん **さよなら夏休み New** 3人6手連弾

2016年8月10日　第1刷発行

作曲者　春畑セロリ
発行者　堀内久美雄
発行所　株式会社 音楽之友社
東京都新宿区神楽坂6の30
電話 03（3235）2111（代）　〒162-8716
振替 00170-4-196250
http://www.ongakunotomo.co.jp/

438882

© 2016 by ONGAKU NO TOMO SHA CORP., Tokyo, Japan.

落丁本・乱丁本はお取替いたします。
Printed in Japan.

楽譜浄書：中野隆介
装丁：伊藤克博
イラスト：スダナオミ
翻訳：飯田有抄
印刷／製本：(株)平河工業社

# 夢の向こうの線香花火
## A Sparkler over the Dream

春畑セロリ　作曲
Céleri Haruhata

# 眠りたくない夜には
Never sleeping on final night

春畑セロリ　作曲
Céleri Haruhata

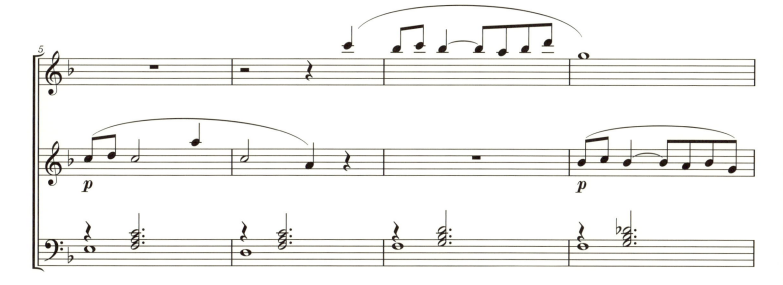

© 2009 by ONGAKU NO TOMO SHA CORP., Tokyo Japan.

# ピーマン・ブギ

PIMENT Boogie —I hate green peppers!

春畑セロリ 作曲
Céleri Haruhata

© 2009 by ONGAKU NO TOMO SHA CORP., Tokyo Japan.

# パパママ宿題隊
Dad & Mom Homework Force

春畑セロリ　作曲
Céleri Haruhata

# チーム "くつみがき"
### Team SHOE SHINE

春畑セロリ　作曲
Céleri Haruhata

※ 楽譜とはちがうフレーズで、くり返しまねっこ遊びをしてもOKです！★にもどりましょう。 / You can play differently from the score and continue to play free phrases and echoes before ★.

# まねっこキュータロー

My myna QT — the good mimic

春畑セロリ　作曲
Céleri Haruhata

# さよなら夏休み New
## Goodbye Summer Vacation New

アンコールつき
3人6手連弾

もくじ

| | | |
|---|---|---|
| まねっこキュータロー | My myna QT - the good mimic | 3 |
| チーム "くつみがき" | Team SHOE SHINE | 6 |
| 海から吹く風 | Breeze from the sea | 8 |
| パパママ宿題隊 | Dad & Mom Homework Force | 10 |
| 冥王星博士 | Dr. Pluto | 13 |
| ピーマン・ブギ | PIMENT Boogie - I hate green peppers! | 14 |
| 眠りたくない夜には | Never sleeping on final night | 16 |
| 夢の向こうの線香花火 | A Sparkler over the Dream | 20 |

### さよなら夏休み New

こどもたちの年間最大のメインイベント、夏休みをしめくくるには、3人連弾が似合いそう。
悪がきトリオ、おませさんトリオ、仲良しシスターズ、けんかブラザーズ。

みんなの夏の情景は、いきいきしていて、ほんわかしていて、ときにはそーっと静かで、なんだかわくわくしていて、お茶目で、夢見るようです。
3人であれやこれやいいながら、もーっと、いきいき、もーっと、そーっと、と、作戦を立てながら、弾いてくださいね。

五線1段がひとりのパートです。一応、右手の音符はしっぽが上向き、左手の音符はしっぽが下向きとなっていますが、自由に工夫してOKですよ!

そうそう、今回の再出版にあたり、夏休み最後の夜に見る夢を、アンコールとして加えました!

さぁ、どんな情景が思い浮かぶかな?

### Goodbye Summer Vacation New

Summer vacation is the biggest event for all children. During the holidays every moment looks cheerful, warm and fuzzy.
It's full of fun and dream, sometimes peaceful and sometimes excited...
In closing the happiest time, let's play the piano pieces for six hands!
Naughty boys trio, forward girls trio, chummy sisters, fighting brothers,
all of you can enjoy your performance discussing your strategy and exploring much livelier or softer sounds.

One player is in charge of a set of five lines.
When the tail of the note points up, use your right hand. The tail pointing down, use your left hand. But it's ok to change your hand if you like.

And for this new edition, I added a dream for the last night of summer vacation as an encore piece!

Your colorful memories in the summer may be heard in the music.

春畑セロリのきまぐれんだん

Goodbye Summer Vacation New

# さよなら夏休み New

アンコールつき

3人6手連弾

春畑セロリ作曲
Céleri Haruhata

音楽之友社